Karen Christine Angermayer
Ponygeschichten

Karen Christine Angermayer

Ponygeschichten

Illustriert von Julia Ginsbach

www.leseloewen.de

ISBN 978-3-7855-7472-0
1. Auflage 2012
© 2012 Loewe Verlag GmbH, Bindlach
Umschlagillustration: Julia Ginsbach
Printed in Germany

www.loewe-verlag.de

Inhalt

 Ein Häuptling namens Mia 11

Spuk im Pony-Internat 30

Galopp wider Willen 51

Ein Häuptling namens Mia

„Los geht's!", rief Mias Vater vergnügt und gab der Kofferraumklappe des alten roten Kombis einen Klapps. Er setzte sich ans Steuer und lächelte seine Frau Susanne an, die schon auf dem Beifahrersitz saß.

Mia lümmelte auf der Rückbank

und kaute Kaugummi.

„Ich will nicht zu Tante Moralia!"

Tante Moralia wohnte in der Stadt. Sie war nicht verheiratet, hatte eisgraues Haar, das sie stets zu einem strengen Pferdeschwanz band, und besaß allerlei teuren Schnickschnack. Mia musste immer höllisch aufpassen, dass keine ihrer hauchzarten Porzellantassen zu Bruch ging und sie keine Flecken auf den weichen weißen Teppich machte, der sich wie ein riesiger Milchsee durch die ganze Wohnung ergoss. Sogar im Badezimmer hatte Tante Moralia weißen Teppichboden!

„Ich will zu Opa Bert an den See!"
Mia machte eine Kaugummiblase,
die so groß war, dass sie fast
den Sitz ihres Vaters berührte.

„Ach, Mia", seufzte der und blickte in den Rückspiegel. Doch er sah nichts außer einer riesigen rosa Kaugummiblase.

Ihre Mutter drehte sich zu Mia um. „Opa Bert ist doch zur Kur. Und Oliver und ich müssen in der Stadt unser neues Projekt vorstellen. Das ist beruflich eine große Chance für uns. Und dass Tante Moralia heute so schön Zeit für dich hat, ist doch wunderbar!"

Paff! Die Kaugummiblase platzte.
Mia sog die Reste
zurück in den Mund.
„Immer euer doofes Projekt!",
stieß sie hervor. „Ich hab Ferien.
Das ist mein Projekt!"

Ihre Eltern waren Architekten und planten ständig irgend-
welche neuen Straßen und Grünanlagen. Dazu bastelten sie
Modelle mit Mini-Häusern, Mini-Bäumen und Mini-Autos.
Wie „Lego für Erwachsene", sagte Mia immer. Ihre Mutter
hatte eine Engelsgeduld, wenn sie mit einer Pinzette winzige
Vögelchen auf die Äste der Bäume klebte. Das neueste ihrer
Modelle stand neben Mia auf der Rückbank.

Mia seufzte. Sie dachte an ihren Opa
und den Ponyhof ganz in der Nähe.

Auf dem Hof lebten die süßesten Ponys, die Mia kannte.

Mia liebte Pferde und
sie ritt für ihr Leben gern.

Als sie vier Jahre alt war, war sie bei einem Spaziergang einmal von einem Gatter auf den Rücken eines Islandponys gesprungen und war mit ihm losgetrabt. Ihre Mutter war tausend Tode gestorben und hatte immer wieder geschrien: „Mia,
du fällst! Komm zurück, du brichst dir alle Knochen!"

Opa Bert, der alles mit angesehen hatte, hatte nur gelacht
und stolz gesagt: „Gut, dass wenigstens eine in der Familie
meine Gene geerbt hat."

Der rote Kombi fuhr durch eine Straße, in der mehrstöckige
alte Häuser mit aufwendigen Verzierungen standen. „Seht
mal, der Zirkus ist hier!" Mias Vater zeigte auf ein buntes
Werbeplakat. Er lächelte Mia durch den Rückspiegel an.
„Wollen wir heute Abend alle zusammen hingehen?"

„Zirkus ist was für Babys",

sagte Mia mürrisch

und sah aus dem Fenster.

14

„So, da wären wir", sagte der Vater und bremste vor dem stattlichen Haus, in dessen dritter Etage Tante Moralia wohnte. „Ich bleib sitzen", sagte Susanne. Sie atmete nervös ein und aus und knetete ihre Hände. „Drückst du uns die Daumen?", fragte sie Mia.

Mia antwortete nicht.
Dafür drückte sie heimlich
ihren Kaugummi auf den Turm
im Bastelmodell.
Dann stieg sie aus.

„Da seid ihr ja!", rief Tante Moralia erfreut, als Mia mit ihrem Vater die Treppe hochkam. „Du trägst ja immer noch keine Kleider!", entfuhr es ihr vorwurfsvoll, als sie Mias kurze Jeans und ihr verwaschenes T-Shirt sah. „Und bitte zieh deine Sandalen aus, ja?"

Mia gehorchte,
zog aber damit gleich
den nächsten bösen Blick auf sich.

Sie war heute Morgen schon barfuß durchs nasse Gras gelaufen und ein paar Halme hatten sich in ihre Sandalen ver-
irrt. Jetzt verstreuten sie sich über Moralias weißen Teppich.
Moralia seufzte. „Na kommt, lasst uns erst mal Kaffee trinken
und ein Stück Torte essen. Wo ist denn Susanne?"

„Vielen Dank für die Einladung", sagte Oliver, „aber Susanne und ich wollen erst mal den Termin hinter uns bringen.
Nachher, wenn alles vorbei ist, sind wir entspannter."

„Ich hab auch keinen Hunger.
Ich geh lieber 'ne Runde schaukeln",
sagte Mia.

Sie hatte schon den Kaffeetisch erspäht, auf dem eine Schwarz-wälder Kirschtorte stand und natürlich die unvermeidlichen hauchdünnen Tässchen und Teller, die schon vom bloßen Anschauen in tausend Stücke zerspran-gen. „Ja, aber die schöne Tor-" Moralia klappte den Mund auf und wieder zu. „Bis später!", sagte Mias Vater und war schon an der Tür.

„Warte auf mich!", rief Mia,
schnappte sich ihre Sandalen
und lief mit ihm die Treppe runter.

„Aber keinen Unsinn machen. Und in einer Viertelstunde gehst du wieder hoch, ja?" Oliver klopfte ihr auf die Schul-tern. „Bis später."

Mia nickte zerknirscht.
Sie wäre viel lieber
mit ihren Eltern mitgefahren.

Aber immerhin war sie für eine kurze Weile den Porzellantässchen und dem Teppich entkommen. Sie stieß die Tür zum Garten auf – und traute ihren Augen nicht: Im Hinterhof, in dem bisher immer nur eine alte, morsche Schaukel gestanden hatte, stand heute ein riesiges Indianerzelt!

Mia strahlte. Sie liebte Indianerspiele!
Wenn sie zu Hause durch den Wald
streifte, stellte sie sich immer vor,
sie sei ein Indianerhäuptling
und ihr bester Freund ein Braunbär.

Neugierig lief Mia auf das Zelt zu und schlug die Stoffbahn zurück, die den Eingang darstellte. „He, was soll das? Hau ab! Kein Zutritt für Bleichgesichter!", rief einer der beiden Jungen, die im Zelt saßen. Sie trugen braune T-Shirts und Federschmuck auf dem Kopf. Außer-  dem hatten sie Kriegsbemalung im Gesicht. „Und schon gar nicht für Mädchen!", bekräftigte der zweite Junge. Er war kleiner als der andere und schien etwas jünger zu sein. Sein Haar war hellblond und er hatte blaue Augen. Der Größere hatte rötliches Haar und dunkle Augen.

„Ich will aber mitspielen", sagte Mia.

„Ich bin ein richtiger Indianer."

Die beiden Jungs lachten. „Du bist allerhöchstens eine Squaw, kein richtiger Indianer", sagte der Ältere. Aber weil Mia ihn so fest und bestimmt ansah, sagte er nach einer Weile: „Na gut, du darfst das Tipi aufräumen, während wir auf der Jagd sind." Ein bisschen Ord- nung schadete dem Zelt tatsäch- lich nicht: Es war voller Decken und Kissen, angebrochener Saft- und Kekspackungen und Spiel- figuren.

„Spinnst du?"

Mia zeigte dem Jungen einen Vogel.

„Ich gehe mit auf die Jagd!"

Nur äußerst widerstrebend nahmen Gelber Adler und Rote Schlange, so nannten sich die beiden Jungs, Mia mit auf Fährtensuche. Was auf dem harten Betonboden des Hinterhofs gar nicht so einfach war. Außer einem Hundehaufen, in den jemand hineingetreten war (was immerhin ein paar Spuren hinterließ), einem Zigarettenstummel und einer Schneckenschleimspur fanden sie keine nennenswerte Fährte.

„Indianer suchen immer nach abgeknickten Zweigen", sagte Mia. „Das bedeutet, dass jemand darunter vorbeigegangen ist."

Das wusste sie aus ihrem Indianergeschichtenbuch. Zu dritt besahen sie sich den einzigen Baum in diesem kleinen Hinterhof. Doch die wenigen Äste, die er besaß, waren kein bisschen abgeknickt.

„In der Stadt macht Indianersein überhaupt keinen Spaß", stellte Mia fest.

Da ertönte plötzlich ein Schnauben. Es kam aus der Richtung der Mauer, die den Hinterhof von Tante Moralias Haus vom nächsten Grundstück trennte. Mia, Gelber Adler und Rote Schlange sahen sich an. Das Schnauben ertönte erneut. „Was ist das?", flüsterte Rote Schlange. „W-w-weiß nicht", wisperte Gelber Adler. „Vielleicht ein Bär? Lass uns lieber abhauen!"

„Ihr seid ja vielleicht tolle Indianer!",
sagte Mia. „Los, wir müssen
nachsehen, was das ist.
Vielleicht ist es ein Büffel!"

Gelber Adler und Rote Schlange rissen die Augen auf. Als es hinter der Mauer erneut schnaubte, diesmal noch lauter und näher als vorher, klammerten sich die beiden ängstlich aneinander. Mia grinste. Sie ahnte inzwischen, von wem das Schnauben stammte.

„Macht mal 'ne Räuberleiter!",
befahl sie den beiden Jungs.

Die beiden gehorchten und verhakten ihre Hände ineinander, sodass Mia mit den Füßen in die entstandene Öffnung hineinsteigen konnte wie in einen Steigbügel. Mia zog sich an der Mauer hoch und schaute auf der anderen Seite nach unten. Sie lächelte. Ja, da stand es: ein schwarzes Pony, ein Hengst, mit einem Fell so glänzend wie flüssiges Pech und mit Nüstern so samtig wie feiner Sand am Meer. Die lange, seidige Mähne floss in Wellen über seinen eleganten Hals. Der Hengst sah Mia mit seinen blitzenden Augen herausfordernd an.

Mia setzte sich auf die Mauer und machte schnalzende Geräusche mit der Zunge.

„Kind, geh weg da! Das Tier ist gemeingefährlich!", rief plötzlich eine Frau vom Balkon des Nachbarhauses.

Das Pferd ist doch nicht gefährlich, dachte Mia. Es ist wunderschön! Doch sie sagte nichts.

„Das Ungetüm hat meine ganzen Hortensien angefressen. Und mein Rasen sieht aus! Wenn das mein Mann Walter sieht, der hat den Rasen erst vor drei Wochen frisch gesät!" Auch auf den Nachbarbalkonen tauchten Leute auf. Gespannt sahen sie zwischen dem schwarzen Hengst und Mia hin und her.

„Hol doch mal einer das Kind von der Mauer!", rief ein Mann. Und eine Frau fügte hinzu: „Hat schon jemand die Polizei alarmiert? Wie kommt das Pferd überhaupt in den Hinterhof?" Inzwischen war der schwarze Hengst Mias Locklauten gefolgt. Langsam und mit majestätischem Schritt kam er auf sie zu.

Mia lächelte. „Ja, so ist es gut. Komm nur her", wisperte sie.

24

Der Hengst gehorchte. Die Frau, die Angst um ihren Rasen hatte, quiekte erschrocken auf. „Kind, lass das und komm da runter!"

Mia dachte nach.

Wo das schöne Tier wohl herkam?

Und dann stand der schwarze Hengst nur noch einen Schritt von ihr entfernt. Vorsichtig reckte er seinen glänzenden Hals und schnupperte an ihren Zehenspitzen.

Mia kicherte. „He, das kitzelt!"
Doch sie hielt still, damit sich
das Pferd nicht erschreckte.

Es kam noch näher. Sein warmer Bauch berührte jetzt ihre Wade. Und plötzlich hatte Mia eine Idee. Wie damals, als sie vier Jahre alt war, rutschte sie gaaaanz langsam von der Mauer herunter, bis sie auf dem Rücken des Ponys saß. Die Leute auf dem Balkon stöhnten entsetzt auf. Einer rief: „Psssst! Ruhe jetzt, Sie machen es nur noch schlimmer!" Doch der Hengst stand still und ließ sich von Mia auf den Hals klopfen.

„Oh Mann, sie sitzt auf dem schwarzen Hengst aus dem Zirkus, den niemand zähmen kann!", rief Gelber Adler, der sich inzwischen auch auf die Mauer gezogen hatte.

Mia sah zu ihm hoch und
legte ihren Zeigefinger an die Lippen.
Dann ritt sie los.

Zunächst eine Runde durch den Hinterhof. *Klack-klack, klack-klack*, tönten die Hufe des Pferdes auf dem gepflasterten Boden. Das Tier hörte auf jeden von Mias „Befehlen", die sie mit ihrem rechten Oberschenkel gab.

Mia lächelte. Sie beugte sich vor.

„Ich bring dich nach Hause",

flüsterte sie dem Pony ins Ohr.

Sie winkte den Zuschauern auf den Balkonen zu und ritt durch die Hintertür in den Hausflur, vorbei an den Briefkästen und den Pappkartons voller Altpapier ... und dann zur offenen Vordertür hinaus auf die Straße.

Rote Schlange und Gelber Adler erwarteten sie draußen auf dem Bürgersteig mit ihren Fahrrädern. Sie sahen Mia ehrfürchtig an.

„Wisst ihr, wo der Zirkus ist?",
fragte Mia.

Gelber Adler nickte. Er war gestern mit seinen Eltern in der
Vorstellung gewesen. Gemeinsam machten sie sich auf den
Weg: Mia hoch zu Ross, die Jungs mit ihren beiden Draht-
eseln. Die Menschen, an denen sie vorbeikamen, blieben mit
offenem Mund stehen.

Der Zirkusdirektor war hocherfreut, sein Pferd wiederzu-
haben. „Django ist uns ausgebüxt", sagte er und brachte das
Pony zu seinem Wagen. „Wie hast du das nur gemacht? Niemand außer Fred, dem Pferdeflüsterer, kann Django reiten!"

Mia lächelte stolz. „Ich bin eben
ein richtiger Indianer", sagte sie
und zwinkerte den Jungs zu.

Als Belohnung bekamen sie Zirkusfreikarten für sich, ihre Eltern und Tante Moralia.

Tante Moralia wollte gerade zu einer Strafpredigt ansetzen, als sie wenig später ihre Wohnungstür öffnete. Doch sie klappte den Mund wieder zu, als sie sah, dass Mia vom Zirkusdirektor höchstpersönlich nach Hause gebracht wurde. Sie rümpfte zwar die Nase, weil ihre Nichte ziemlich starken Pferdeduft nach sich zog, als sie an ihr vorbeiging, und sie warf auch einen vorwurfsvollen Blick auf die Sandalen, die Mia noch anhatte, sagte aber nichts.

Gelber Adler und Rote Schlange verdrückten jeder zwei Stück Schwarzwälder Kirschtorte. Die Porzellantässchen hatte Tante Moralia vom Tisch genommen. Zum Abschied schenkten die Jungs Mia zwei große Taubenfedern aus ihrem Kopfschmuck. „Kommst du mal wieder, Großer Häuptling?", fragte Gelber Adler.

„Klar", sagte Mia grinsend.
„Aber nur, wenn ihr bis dahin
das Tipi aufräumt!"

Spuk im Pony-Internat

Es war Nacht und der Mond schien über den Ställen, den Schlafsälen und dem Schulgebäude des Pony-Internats. Abends nach neun Uhr mussten alle Schülerinnen und Schüler in ihren Betten sein: die Mädchen im Mädchentrakt und die Jungs im Jungentrakt, der dem Mädchentrakt gegenüberlag. Das große Gebäude, das früher mal ein Schloss gewesen war, hatte die Form eines Hufeisens.

„Elli, Marleen, wacht auf!"
Karla schüttelte ihre Freundinnen
an den Schultern. Die beiden lagen
in ihren Betten und schliefen selig.

Endlich kamen Ellis rote Locken unter der Decke zum Vorschein. Sie gähnte.

„Oh Mann, Karla, was ist denn?
Es ist mitten in der Nacht!"

Auch Marleen, die sich aufgesetzt hatte und deren kurzes schwarzes Haar nach allen Seiten abstand, rieb sich verschlafen die Augen.

„Och, ich hab so schön geträumt.
Branca und ich sind zum ersten Mal
ohne Fehler gesprungen."

Branca war ihr Pferd. Alle Schülerinnen und Schüler im Pony-Internat hatten ein Pferd zugeteilt bekommen, um das sie sich vor und nach der Schulzeit kümmern mussten: Füttern, Ausmisten, Ausreiten, Fellpflege ... Neben dem Schulunterricht, den Hausaufgaben und den Reitstunden gab es immer viel zu tun. Außerdem stand in wenigen Wochen das große Springturnier an. Karla, Elli und Marleen hatten fleißig trainiert. Es war ihr erster Wettkampf.

„Du kannst nachher weiterträumen!
Ihr müsst mitkommen.
Im Stall spukt es!"

Als sie das hörten, waren
Elli und Marleen schlag-
artig wach. Ungläubig
sahen sie Karla an, die
ihr blondes, langes
Haar zu einem Pferde-
schwanz hochgebun-
den hatte. Sie trug
ihre Schlafanzugho-
se, ihre schwarzen
Reitstiefel, die fast
bis zum Knie reich-
ten, und einen roten
Fleecepulli.

Elli rieb sich die Augen.
„Was machst du denn auch
mitten in der Nacht im Stall?"
Sie gähnte laut.
„Nicht fragen, mitkommen!",
drängte Karla.

Kurze Zeit später schlichen die drei Mädchen auf Zehenspitzen durch den dunklen Flur zur Treppe. Sie mussten leise sein. Wenn Frau Besenreiser sie erwischte, gab's Ärger! Frau Besenreiser war ihre Klassenlehrerin. Sie hatte diese Woche die Nachtaufsicht. Doch die drei hatten Glück und kamen unbemerkt über den Hof bis zu den Ställen.

Das alte Tor knarzte verdächtig,

als sie es gemeinsam aufschoben.

Innen schlug ihnen der warme Geruch von Pferden und frischem Heu entgegen.

Karla gab den Freundinnen

ein Zeichen, ihr zu folgen.

Schweigend liefen sie an den Boxen vorbei, die rechts und links des Gangs lagen. Jedes Pferd hatte eine eigene Box, auf der Name, Geburtsdatum und das Foto seines Reitschülers abgebildet waren.

Oxa, ein dunkelbrauner, junger Wallach, schaute neugierig durch die Gitterstäbe, als die Mäd-chen an ihm vorbeischlichen. Er schnaubte freudig, als er Elli sah, denn die beiden gehörten zusammen.

Oxa ♂
15.03.2006

„Hallo, mein Lieber", flüsterte Elli.

„Morgen früh komm ich wieder.

Schlaf weiter!" Sie strich Oxa

über die weiche Nase.

Dann lief sie den anderen nach.

Am Ende des Gangs blieb Karla stehen und legte den Finger an die Lippen.

Elli und Marleen
hielten die Luft an.

Zusammen lauschten sie in die Stille. Zunächst war nichts zu hören. Elli wollte gerade den Mund aufmachen und etwas sagen, da hörten sie das Geräusch. Es kam aus der leeren Box am linken Ende des Stalls und klang wie ein Gemisch aus Röcheln, Gurgeln und Brummen: „Chchchrrrrhhhhhhgggrrrummm!"

Marleen griff nach Ellis Arm.
Elli erschrak so sehr darüber,
dass sie aufschrie.

Das Geräusch in der Box verstummte. Dann wurde die Boxentür aufgestoßen. Karla, Elli und Marleen sahen sich erschrocken an und rannten, so schnell sie konnten, aus dem Stall.

„Oh Gott, was war das?", rief Elli.

Sie hatten den Hof hinter sich gelassen und die Tür zum Schlaftrakt erreicht.

„Keine Ahnung. Ich hab euch
doch gesagt, dass es spukt!",
keuchte Karla und stieß die Tür auf.

„Und was machen wir jetzt?",
fragte Marleen leise.

Ihre dunklen Augen waren
vor Schreck noch größer als
sonst und ihre Wangen vom
schnellen Laufen gerötet.

Elli musste gähnen.
„Also, wenn ihr mich
fragt: gar nichts.
Sonst schlaf ich morgen
beim Mathetest ein."

Karla nickte. Besser, sie gingen für heute schlafen, auch wenn
sie der Sache am liebsten gleich auf den Grund gegangen
wäre.

„He, seht mal. Läuft da jemand
über den Hof?", zischte Marleen.

Karla und Elli folgten ihrem Blick und spähten vorsichtig
durch das große Fenster neben der Eingangstür.

„Ist nur der Hohlmeier.
Vielleicht ist er auch auf
Gespensterfang", flüsterte Karla.

Herr Hohlmeier war ihr Musiklehrer.

Elli grinste. „Der? Der hat doch schon
Schiss vor Spinnen!"

Die Mädchen kicherten bei der Erinnerung an den hysterischen Schrei, den Herr Hohlmeier mitten im Musikunterricht losgelassen hatte, als ihm beim Klavierspielen eine Spinne über die rechte Hand gekrabbelt war. Karla, Elli und Marleen wiederum krabbelten wenige Minuten später müde in ihre Betten.

Am nächsten Morgen ließ die leere Box, aus der in der Nacht die merkwürdigen Geräusche gekommen waren, nichts von einem Gespenst erahnen. Zusammen mit den anderen Schülerinnen und Schülern des Pony-Internats füllten die Mädchen die Tränken ihrer Ponys mit frischem Wasser auf. Der Stall war erfüllt vom aufgeregten Schnauben und freudigen Wiehern der Pferde und dem fröhlichen Geschnatter der Schüler.

„Wir müssen es dem Direktor sagen“,
raunte Elli Marleen zu.

Die Boxen ihrer beiden Ponys lagen direkt nebeneinander.

Marleen warf einen kurzen Blick
zu Karla rüber. „Ich weiß nicht.
Am Ende fragt er, warum Karla
nachts im Stall war ...“

Es war verboten, nachts die Schlafräume zu verlassen. In Ellis
Gesicht blitzte es auf.

Sie drehte sich zu Karla um,
deren Box genau hinter ihrer lag.
„Ja, genau, warum warst du denn
nun überhaupt hier?“

Karla wurde rot im Gesicht, stammelte irgendetwas von „Schlafwandeln" und lief aus dem Stall.

Elli sah Marleen verwundert an.

Doch die sagte nichts und lief hinter Karla her.

Elli schüttelte verwirrt den Kopf.

Den Vormittag in der Schule brachten sie nur mit Mühe hinter sich. Wäre der Mathetest nicht gewesen, hätten alle drei pausenlos an das Gespenst, oder was auch immer da gewesen war, gedacht.

**Beim Mittagessen beschlossen sie,
die Sache selbst
in die Hand zu nehmen.**

Dazu brauchten sie ein großes Netz. Dieses Netz würden sie in der kommenden Nacht auf das Gespenst herunterfallen lassen und es anschließend fesseln. Wenn sie dem Direktor dann am nächsten Morgen ein gefangenes Gespenst präsentierten, würde er vor Überraschung sicher keine weiteren Fragen stellen.

Das große Netz bekamen sie von Tim, der mit den anderen Jungs immer „Überlebenstraining" spielte und bestens ausgerüstet war. Er half ihnen auch dabei, das Netz über der „Gespensterbox" aufzuhängen. Zum Glück fragte er gar nicht, wofür sie es brauchten!

Um Punkt Mitternacht klingelte Ellis Wecker. Geisterstunde! So leise wie möglich machten sich die drei auf den Weg in den Stall.

„Puh, bin ich aufgeregt",
flüsterte Marleen. Elli nickte.
„Mein Herz klopft so doll, das hüpft
mir gleich aus dem Hals."

Unbemerkt kamen die drei aus dem Schlaftrakt über den Hof bis zu den Ställen. Wie in der vergangenen Nacht schoben sie das große Tor so leise wie möglich auf. Sie lauschten. Ja, da war es wieder: das gurgelnde, röchelnde, brummende Geräusch.

Die drei sahen sich an:
Sollten sie es wirklich wagen?
Was, wenn das Gespenst viel größer
und stärker war als sie?

Andererseits konnten sie nicht riskieren, dass das schaurige Ding einem der Pferde etwas antat. Nein, sie hatten keine Wahl. Sie mussten die Sache hinter sich bringen!

„Grrrrghhhhrummmoooaaarrrhhh", tönte es wieder aus der letzten Box. Dann folgte ein klägliches Seufzen. Hoffentlich sah das Ding nicht genauso schrecklich aus, wie es sich anhörte!

Auf Ellis Signal löste Marleen das Seil, das mit dem Netz verbunden war.

Sofort rauschte das Netz zu Boden. Ein grässlicher Schrei ertönte, der den Mädchen durch Mark und Bein ging. Jetzt hieß es Beeilung! Elli und Karla rissen die Tür der Box auf und sprangen auf das Gespenst, das unter dem Netz zappelte. Man konnte es nicht sehen, weil die Netzmaschen so dicht waren. Bevor es sich befreien konnte, fesselten Karla und Elli das Gespenst samt Netz mit dem langen Seil.

„Hiiiilllfeeee!", kam es plötzlich aus dem Netz. Karla und Elli hielten inne. Das – Ding – konnte – sprechen?

Die drei Mädchen sahen sich an.

Elli kapierte als Erste.

„Herr Hohlmeier!", rief sie,

„Was machen Sie denn hier?"

Schnell schälten die drei ihren verdatterten Musiklehrer aus dem Netz. Der saß am Boden und japste nach Luft. „Du liebes bisschen. Ich dachte schon, mich hätte eine Monsterspinne angegriffen!" Er grinste die Mädchen schief an.

„Und wir dachten, Sie wären

das Monster, das hier nachts

rumspukt! Was tun Sie denn hier?",

fragte Karla.

Herr Hohlmeier lächelte und zeigte auf seinen Bauch. „Ich lerne Bauchreden und Bauchsingen. Bei der Turnierfeier wollte ich eigentlich mit einem eigenen Lied auftreten. Aber ich fürchte, das wird nichts mehr bis dahin. Es ist einfach zu schwer." Er seufzte.

Bauchsingen?

Karla, Elli und Marleen lachten. Davon hatten sie noch nie gehört!

„Und warum üben Sie hier im Stall und nicht in Ihrem Zimmer?", fragte Elli.

46

„Ich wollte, dass es auch für die Lehrerkollegen eine Überraschung wird", sagte Herr Hohlmeier mit einem zerknirschten Lächeln. Dann wurde er ernst. „Und jetzt würde ich gerne mal wissen, was *ihr* hier mitten in der Nacht verloren habt."

Elli sah besorgt zu Karla rüber.

Doch die Freundin lächelte:

„Jetzt kann ich es dir ja sagen:

Alles Liebe zum Geburtstag!"

Elli machte ein überraschtes Gesicht. Stimmt, sie hatte ja Geburtstag! Das hatte sie vor lauter Gespensterjagd ganz vergessen!

Karla führte sie zu
einem kleinen Lagerraum.

Normalerweise wurde hier nur allerlei Reitzubehör aufbewahrt. Jetzt war der Raum in einen Partyraum verwandelt: Eine Girlande mit Pferdemotiven hing an der Decke, rote Herzluftballons zierten die Wände, und es gab sogar einen gedeckten Tisch, auf dem ein Kuchen in Hufeisenform stand!

Elli strahlte. „Das sieht toll aus!
Du bist die beste Freundin der Welt!"

Marleen umarmte Elli auch und gratulierte ihr. Sie hatte die ganze Zeit Bescheid gewusst. Herr Hohlmeier lachte. „Tja, liebe Elli, ich verrate euch nicht, wenn ihr mich nicht verratet, und wenn ich mit dem Bauchsingen schon so weit wäre, würde ich dir jetzt glatt ein Ständchen bringen!"

Elli kicherte. „Vielen Dank, aber ich verzichte. Ich hab mich heute schon genug gegruselt!"

Plötzlich hörten sie lautes Kichern. Da waren ja auch die anderen aus ihrer Klasse!

„Happy birthday to you! Happy birthday to you ..." Singend kam ihre ganze Klasse durch den Stall gelaufen.

Elli wurde rot vor Freude.

Eine Mitternachtsparty!

Was für eine tolle Überraschung!

Nachdem alle Elli gratuliert hatten, sagte Herr Hohlmeier: „Also, mein Bauch ist zum Singen ja leider nicht zu gebrauchen, aber für etwas Essbares ist er immer zu haben." Er schielte sehnsüchtig auf den Kuchen.

Elli lachte. „Die Party ist eröffnet!

Und die Ponys bekommen auch was.

Schließlich haben die gleich

zwei Geheimnisse für sich behalten!"

Galopp wider Willen

„Bist du bereit?", fragte Herr Billerbeek am Samstagmorgen nach dem Frühstück. Herr Billerbeek war der Besitzer der Ponypension, in der Svea, ihr älterer Bruder Tom und ihre Eltern ein verlängertes Wochenende verbrachten.

Svea nickte aufgeregt.
Gleich begann
die allererste Reitstunde
ihres Lebens!

Anka, ihr Reitpferd, war eine sandfarbene Haflingerstute. Wie zwei große dunkle Murmeln glänzten ihre wachen Augen, und ihre weißblonde Mähne war frisch gebürstet und ganz weich.

„Freunde dich schon mal mit ihr an", sagte Herr Billerbeek. „Ich hole in der Zwischenzeit Sattel und Zaumzeug."

Vorsichtig streckte Svea ihre Hand nach Ankas weicher Nase aus.

Anka erwiderte die Begrüßung freudig.

Svea lächelte ihre Mutter an.

„Sieht sie nicht wunderschön aus?"

Ihre Mutter nickte. „Tom, komm doch auch mal!", rief sie.

Tom, der ganz in der Nähe auf einer umgedrehten Futter-tonne saß und auf seinem Nintendo herumdrückte, schüttelte den Kopf. „Kann ich nicht zurück in unsere Ferienwohnung gehen?"

„Nichts da. Papa arbeitet am Computer und will eine Stun-de lang nicht gestört werden. Jetzt komm schon, das ist doch spannend!"

Tom verdrehte die Augen und murmelte: „Ganz toll. Mini-Schwester reitet auf einem Mini-Pferd. Voll der Megabrüller." Sein Nintendo dudelte eine fröhliche Melodie. „Yes!", rief er und ballte die Faust. „Drei Extraleben!"

Svea bemerkte, dass Anka
den Kopf schüttelte
und aufgeregt schnaubte.
Das Geräusch machte ihr Angst.

In diesem Moment kam Herr Billerbeek zurück. Gemeinsam
sattelten sie Anka und führten sie aus der Box hinüber zur
Reithalle.

Svea hatte vor Aufregung
ganz weiche Knie.

Ihre Mutter winkte ihr aufmunternd zu. Sie und Tom nahmen auf einem der Zuschauersitze am Rand Platz, während Herr Billerbeek, Svea und Anka in die Mitte der Halle gingen.

Der Boden war voller Sägespäne.

Svea sackte bei jedem Schritt ein.

In der Mitte der Halle blieb Herr Billerbeek stehen. Er half Svea beim Aufsteigen. Und dann ging es los: Herr Billerbeek führte Svea und Anka an der Longe, einem langen Seil, das am Zaumzeug befestigt war, im Kreis herum. Anka gehorchte aufs Wort und reagierte auf jede Bewegung, die Svea mit ihren Zügeln und Oberschenkeln machte.

Wie schön das schaukelte.
Svea hätte ewig
so weiterreiten können!

Und dann passierte es: Genau in dem Moment, in dem Svea und Anka an den Zuschauerplätzen vorbeikamen, dudelte Toms Nintendo wieder los. Anka erschrak, scheute – und verfiel in Galopp!

„Hilfe!" Svea rutschte hilflos
im Sattel herum. Fast verlor sie
einen Steigbügel. „Hilfe!"

„Ruuuhiiig. Ruuuhiiig." Herr Billerbeek versuchte, Anka mit der Longe zum Stehen zu bringen. Aber das Tier hatte sich so erschreckt, dass es auf keines seiner Signale hörte. „Halt die Zügel fest und die Ellbogen dicht am Körper! Die Fersen nach unten drücken! Und den Po fest in den Sattel!", rief Herr Billerbeek Svea zu. „Stell dir vor, unter deinem Po läge ein Zwanzigeuroschein, der nicht wegfliegen darf!"

Was hatte er gesagt?
Sveas Gedanken wirbelten herum
wie das Sägemehl unter
Ankas Hufen. Alles ging so schnell!

Sie versuchte, sich den Zwanzigeuroschein unter ihrem Po vorzustellen. Tatsächlich: Ihr Po hopste auf einmal nicht mehr auf und ab, sondern blieb im Sattel! Anka wurde langsam ruhiger und blieb schließlich stehen.

Svea atmete auf.

Ihr Herz klopfte bis zum Hals.

Herr Billerbeek half ihr aus dem Sattel. „Herzlichen Glückwunsch zu deinem ersten Galopp. Du wirst mal eine sehr gute Reiterin", sagte er.

Svea lächelte stolz. Ihre Mutter umarmte sie erleichtert.

Auch Tom klopfte ihr anerkennend auf die Schulter. „Tut mir echt leid. Aber du warst super!" Er sah Herrn Billerbeek an. „Darf ich auch mal?" Er schien die Mini-Pferde auf einmal doch ganz spannend zu finden.

Seine Mutter machte ein gequältes Gesicht. „Aber nur, wenn du mir vorher auch noch drei Extraleben besorgst. Noch so einen Schreck überlebe ich nämlich nicht!"

Alle lachten. Tom bekam auch noch eine Reitstunde. Und es sah ganz so aus, als wäre es nicht seine letzte.

Karen Christine Angermayer wurde 1975 in Arnsberg im Sauerland geboren. Schon mit fünf Jahren schrieb sie Geschichten in „Indianerschrift", die niemand außer ihr lesen konnte (sollte!). Nach ihrem Studium in Diplom-Photoingenieurwesen in Köln ging sie zunächst mehrere Jahre lang zum Film und fand dabei zu ihren Geschichten zurück. Sie absolvierte verschiedene Ausbildungen rund ums Schreiben, gründete im Jahr 2000 ihr eigenes Unternehmen und arbeitet inzwischen seit mehr als zehn Jahren als Autorin, Trainerin und Coach. Karen Christine Angermayer lebt mit ihrer Familie in einem Weindorf in Rheinhessen. Mehr zu der Autorin unter www.worte-die-wirken.de.

Julia Ginsbach wurde 1967 in Darmstadt geboren. Nach ihrer Schulzeit studierte sie in Heidelberg und Frankfurt Musik, Kunst und Germanistik.

Heute lebt sie mit ihrer Familie, jeder Menge Tiere, Pinseln, Farben, Papier und ihrer Geige in einem alten Haus in Norddeutschland und arbeitet als freie Illustratorin.

Erlebe ein neues Abenteuer zum Vor- und Selbstlesen mit Prinzessin Rosalea und der Elfenballerina

„Zuerst lese ich für dich, dann liest du für mich." –
Wer mit seinem Kind gemeinsam eine Geschichte liest,
wird schnell merken, wie viel Spaß das macht und
wie leicht dem Nachwuchs das Lesen plötzlich fällt. Die
Reihe *Ich für dich, du für mich* verfolgt genau diesen
Ansatz. Kinder schlüpfen in die Rolle einer sympathischen Figur und lesen kurze, einfache Textpassagen,
während die Erwachsenen die längeren Abschnitte
der Geschichte übernehmen. Gemeinsam geht eben
vieles leichter, auch das Lesen!